Impressum
Verlag: BABADADA GmbH, Nedderfeld 112 , 22529 Hamburg
Geschäftsführer / Verlagsleitung: Harald Hof
Druck: Books on Demand GmbH, In de Tarpen 42, 22848 Norderstedt

Imprint
Publisher: BABADADA GmbH, Nedderfeld 112 , 22529 Hamburg, Germany
Managing Director / Publishing direction: Harald Hof
Print: Books on Demand GmbH, In de Tarpen 42, 22848 Norderstedt

școală

escola

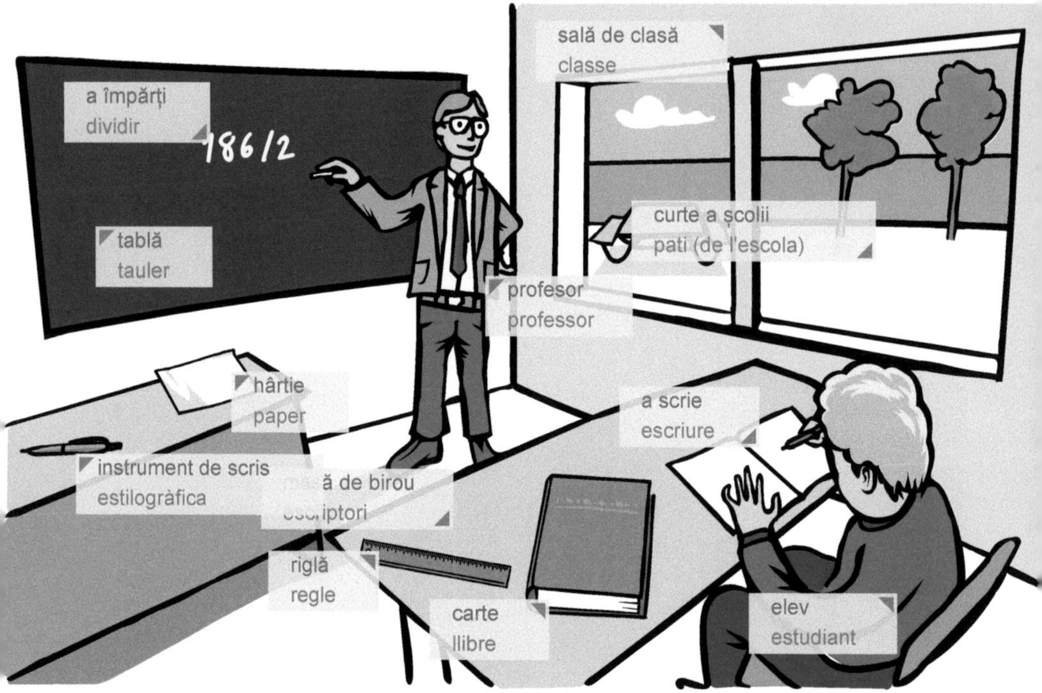

sală de clasă
classe
a împărți
dividir
186/2
tablă
tauler
curte a școlii
pati (de l'escola)
profesor
professor
hârtie
paper
a scrie
escriure
instrument de scris
estilogràfica
ă de birou
iptori
riglă
regle
carte
llibre
elev
estudiant

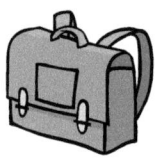

ghiozdan

bossa

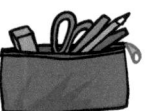

penar

estoig

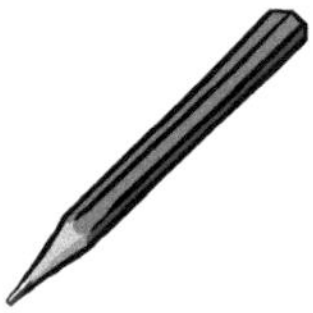

creion

llapis

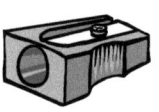

ascuțitoare

maquineta de fer punta

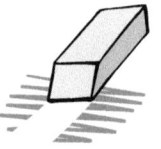

radieră

goma

bloc de desen

bloc de dibuix

desen
dibuix

pensulă
pinzell

cutie de acuarele
capsa de pintures

foarfece
tisores

lipici
cola

caiet de exerciţii
quadern d'exercicis

temă
deures

număr
nombre

2+2

a aduna
afegir

5-2

a scădea
sostreure

2×2

a multiplica
multiplicar

a calcula
calcular

A

literă
lletra

ABCDEFG
HIJKLMN
OPQRSTU
VWXYZ

alfabet
alfabet

cuvânt
mot

text

text

a citi

llegir

cretă

guix

oră

lliçó

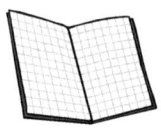

catalog

llibre de classe

examen

examen

certificat

certificat

uniformă școlară

uniforme escolar

educație

formació

enciclopedie

enciclopèdia

universitate

universitat

microscop

microscopi

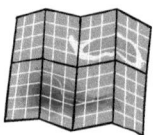

hartă

mapa

coș de gunoi

paperera

călătorie
viatge

hotel
hotel
hostel
alberg
casă de schimb valutar
oficina de canvi
valiză
maleta
autovehicul
automòbil

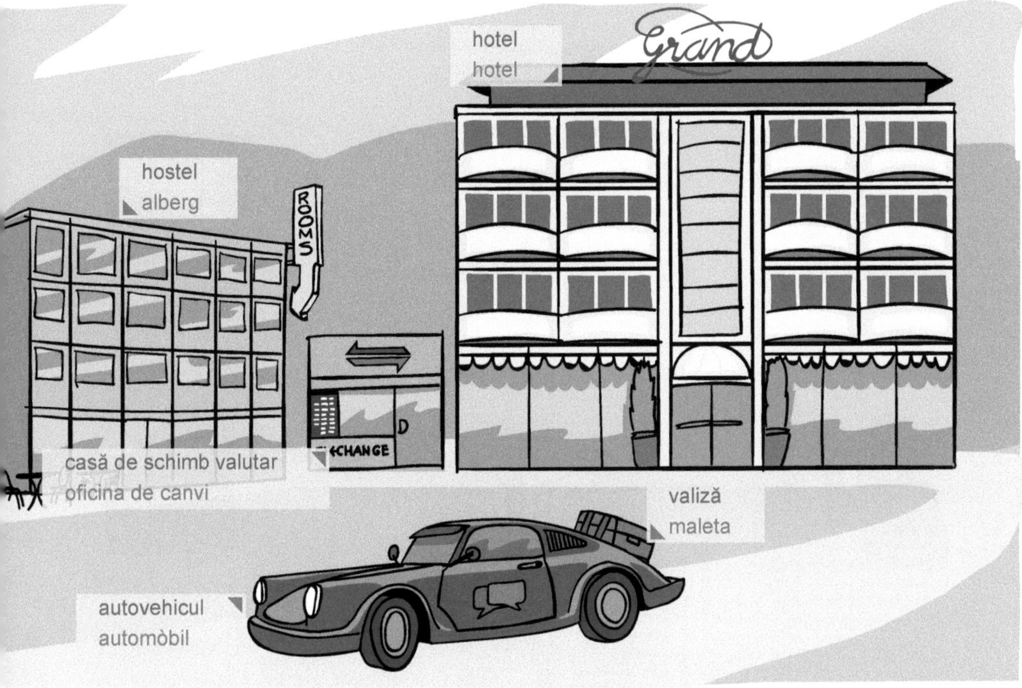

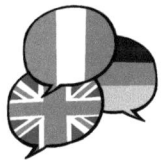

limbă

llengua

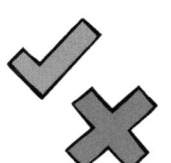

da/nu

sí / no

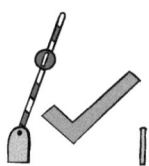

okay

D'acord

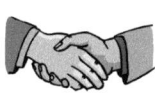

Bună!

Ey!

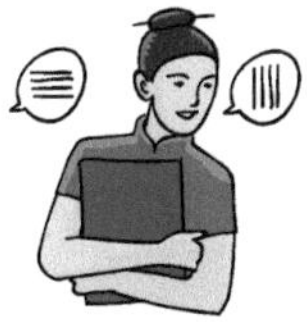

interpret

traductora

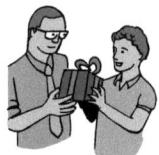

mulțumesc

gràcies

Cât costă...?

Quant costa... ?

Nu înțeleg

No entenc

problemă

problema

Bună seara!

Bona nit!

Bună dimineața!

bon dia!

Noapte bună!

bona nit!

la revedere

fins aviat

direcție

direcció

bagaj

bagatge

geantă

bossa

rucsac

sarrona

oaspete

convidat

cameră

cambra

sac de dormit

sac de dormir

cort

tenda

punct de informare turistică

oficina de turisme

plajă

platja

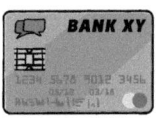

carte de credit

carta de crèdit

mic dejun

esmorzar

masa de prânz

dinar

cină

sopar

bilet de călătorie

bitllet

lift

ascensor

timbru poștal

segell

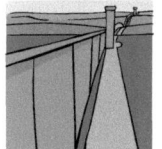

graniță

frontera

vamă

duana

ambasadă

ambaixada

viză

visat

pașaport

passaport

transport
transport

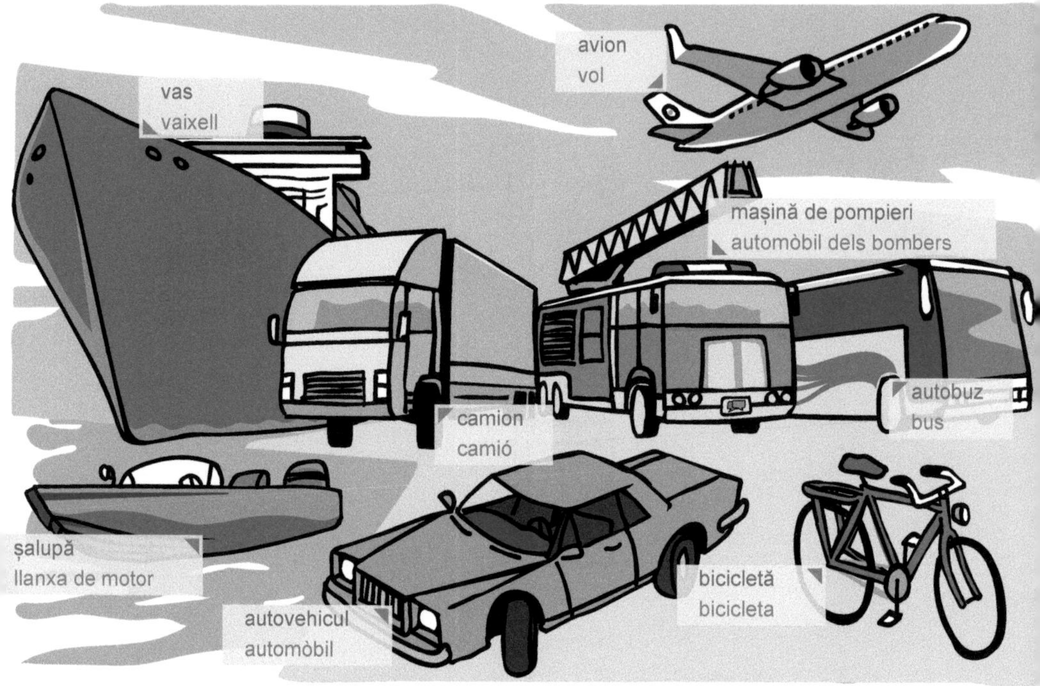
avion
vol
vas
vaixell
mașină de pompieri
automòbil dels bombers
autobuz
bus
camion
camió
șalupă
llanxa de motor
bicicletă
bicicleta
autovehicul
automòbil

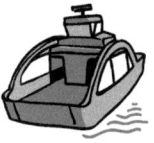

feribot
transbordador

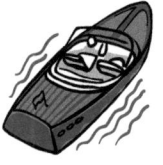

barcă
barca

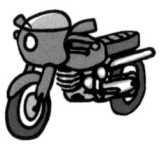

motocicletă
moto

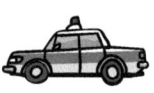

mașină de poliție
automòbil de policia

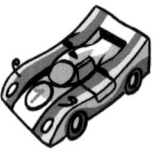

mașină de curse
automòbil de curses

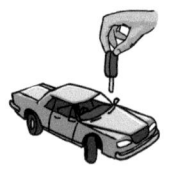

mașină închiriată
automòbil de lloguer

car sharing

vehicle compartit

mașină de tractat

grua

mașină de gunoi

camió de les escombraries

motor

motor

combustibil

benzina

benzinărie

benzineria

semn de circulație

senyal de trànsit

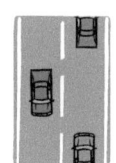

trafic

trànsit

ambuteiaj

embús

parcare

aparcament

gară

estació de trens

șine

vies

tren

tren

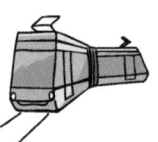

tramvai

tramvia

vagon

vagó

elicopter

helicòpter

aeroport

aeroport

turn

torre

pasager

passatger

container

contenidor

carton

capsa de cartó

căruță

carretó

coș

cistella

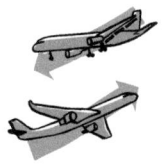

a decola/a ateriza

enlairar-se / aterrar

oraș
ciutat

sat

poble

centru

centre de la ciutat

casă

casa

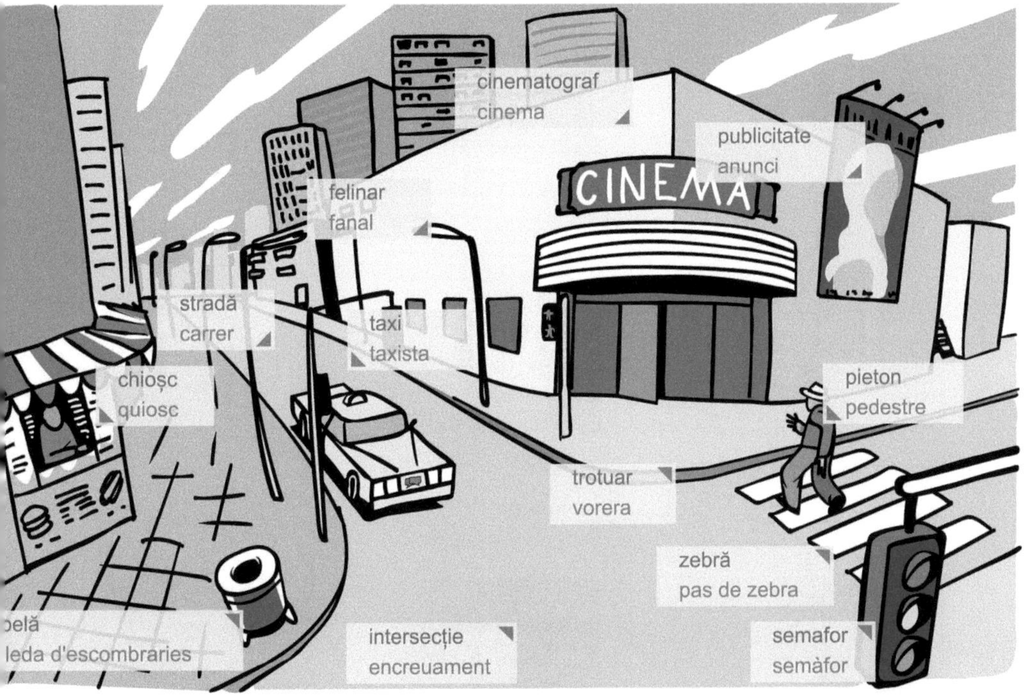

cinematograf
cinema

publicitate
anunci

felinar
fanal

CINEMA

stradă
carrer

taxi
taxista

chioşc
quiosc

pieton
pedestre

trotuar
vorera

zebră
pas de zebra

belă
leda d'escombraries

intersecţie
encreuament

semafor
semàfor

cabană

cabana

apartament

apartament

gară

estació de trens

primărie

casa de la vila-ciutat

muzeu

museu

şcoală

escola

oraş - ciutat

universitate

universitat

bancă

banca

spital

hospital

hotel

hotel

farmacie

farmàcia

birou

oficina

librărie

llibreria

magazin

botiga

florărie

floristeria

supermarket

supermercat

piață

mercat

magazin universal

gran magatzem

comerciant de pește

peixateria

centru comercial

centre comercial

port

port

parc

parc

bancă

banc

pod

pont

trepte

escala

metrou

metro

tunel

túnel

stație de autobuz

parada d'autobús

bar

bar

restaurant

restaurant

cutie poștală

bústia de correu

tăbliță indicatoare cu
numele străzii

senyal indicador

parcometru

parquímetre

grădină zoologică

zoo

piscină

piscina

moschee

mesquita

gospodărie ţărănească
granja

poluare
pol·lució

cimitir
cementiri

biserică
església

loc de joacă
parc infantil

templu
temple

peisaj
paisatge

frunză
fulla

indicator
cartell indicador

drum
camí

pajişte
prat

piatră
pedra

drumeţ
excursionista

copac
arbre

râu
riu

iarbă
gespa

floare
flor

vale
vall

deal
muntanya

lac
llac

pădure
bosc

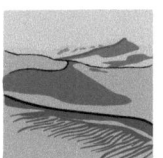

deşert
desert

vulcan
volcà

castel
castell

curcubeu
arc de Sant Martí

ciupercă
bolet

palmier
palmera

ţânţar
moscard

muscă
mosca

furnică
formiga

albină
abella

păianjen
aranya

gândac

escarabat

broască

granota

veveriță

esquirol

arici

eriçó

iepure

llebre

bufniță

òliba

pasăre

ocell

lebădă

cigne

porc mistreț

senglar

cerb

cervo

elan

ant

dig

presa

turbină eoliană

turbina

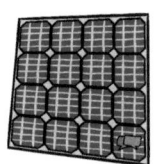

panou solar

panell solar

climă

clima

restaurant

restaurant

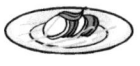

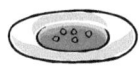

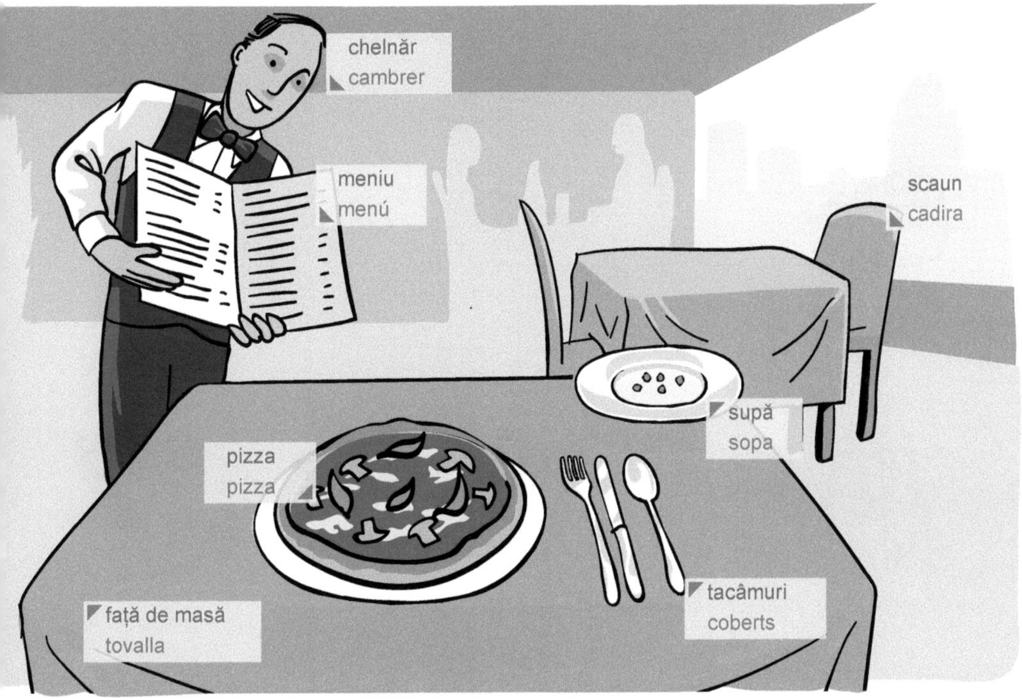
chelnăr
cambrer
meniu
menú
scaun
cadira
supă
sopa
pizza
pizza
tacâmuri
coberts
față de masă
tovalla

antreu

primer plat

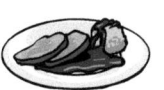

fel principal

plat principal

desert

darreries

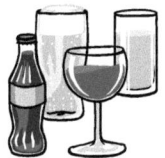

băuturi

begudes

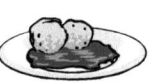

mâncare

menjar

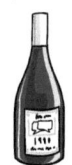

sticlă

ampolla

fastfood

menjar ràpid

streetfood

menjar de carrer

ceainic

tetera

zaharniță

sucrer

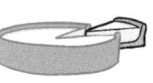

porție

porció

espressor

màquina d'espresso

scaun înalt (pentru copii)

trona

factură

factura

tavă

plata

cuțit

ganivet

furculiță

forqueta

lingură

cullera

linguriță

cullereta

șervețel

tovalló

pahar

got

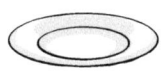

farfurie
plat

farfurie de supă
plat de sopa

farfurie
plateret

sos
salsa

solniță
saler

râșniță de piper
molinet de pebre

oțet
vinagre

ulei
oli

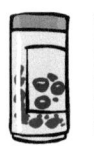

condimente
espècies

ketchup
quètxup

muștar
mostassa

maioneză
maionesa

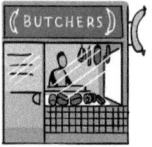

supermarket
supermercat

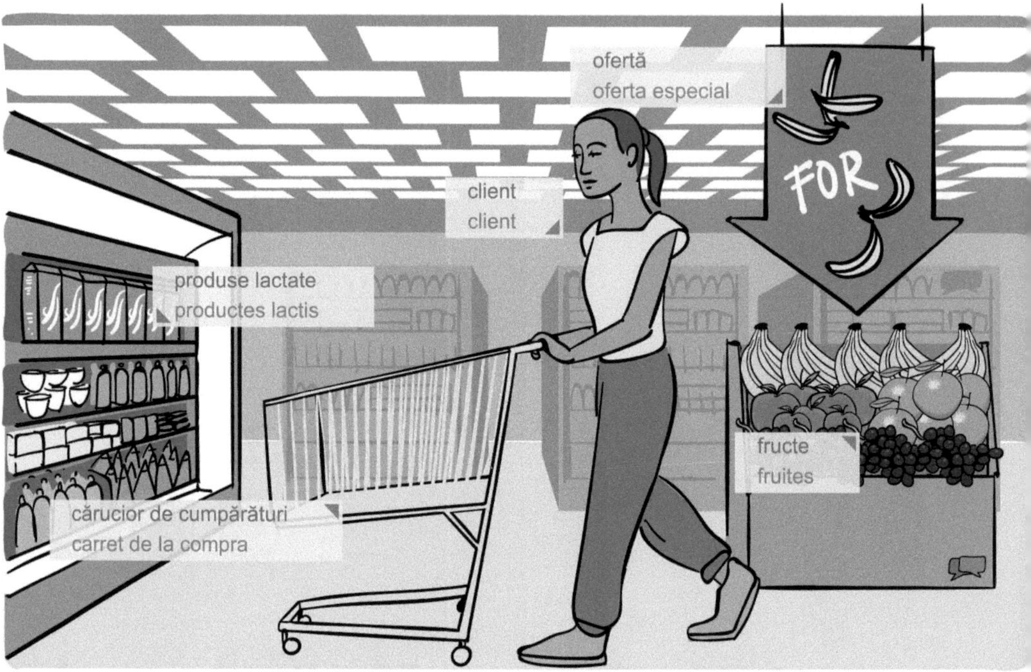

ofertă
oferta especial
FOR
client
client
produse lactate
productes lactis
fructe
fruites
cărucior de cumpărături
carret de la compra

BUTCHERS

măcelărie

carnisseria

BAKERY

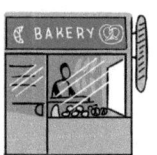

brutărie

forn de pa

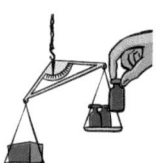

a cântări

pesar

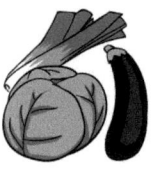

legume

verdures

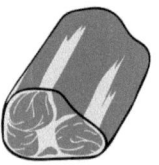

carne

carn

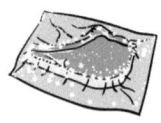

alimente refrigerate

menjar congelat

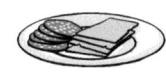

nezeluri și brânzeturi feliate

carn freda

conserve

conserves

detergent

detergent en pols

dulciuri

dolços

articole de menaj

articles domèstics

produse de curăţenie

productes de neteja

vânzătoare

venedora

casă

caixa registradora

casier

caixera

listă de cumpărături

llista de la compra

orar

horari d'obertura

portmoneu

portamonedes

carte de credit

carta de crèdit

geantă

bossa

pungă de plastic

bossa de plàstic

apă

aigua

suc

suc

lapte

llet

cola

coca-cola

vin

vi

bere

cervesa

alcool

alcohol

cacao

cacau

ceai

te

cafea

cafè

espresso

espresso

cappucino

cappuccino

banane

banana

măr

poma

portocală

taronja

pepene

síndria

lămâie

llimona

morcov

pastanaga

usturoi

all

bambus

bambú

ceapă

ceba

ciupercă

bolet

nuci

avellanes

paste făinoase

fideus

spagheti
....
espaguetis

orez
....
arròs

salată
....
amanida

cartofi prăjiți
....
patates fregides

cartofi țărănești
....
patates fregides

pizza
....
pizza

hamburger
....
hamburguesa

sandwich
....
entrepà

șnițel
....
escalopa

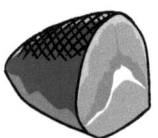

șuncă
....
cuixot

salam
....
salami

cârnați
....
salsitxa

pui
....
pollastre

friptură
....
rostit

pește
....
peix

fulgi de ovăz

flocs de civada

musli

musli

cereale

cereals

făină

farina

corn

croissant

chifle

panet

pâine

pa

pâine prăjită

torrada

biscuiţi

bescuits

unt

mantega

brânză de vaci

mató

prăjitură

pastís

ou

ou

ouă ochiuri

ou fregit

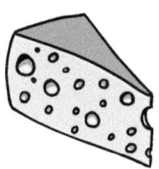

brânză

formatge

înghețată

gelat

zahăr

sucre

miere

mel

marmeladă

melmelada

cremă nuga

crema de xocolata

curry

curri

mâncare - menjar

gospodărie țărănească
granja

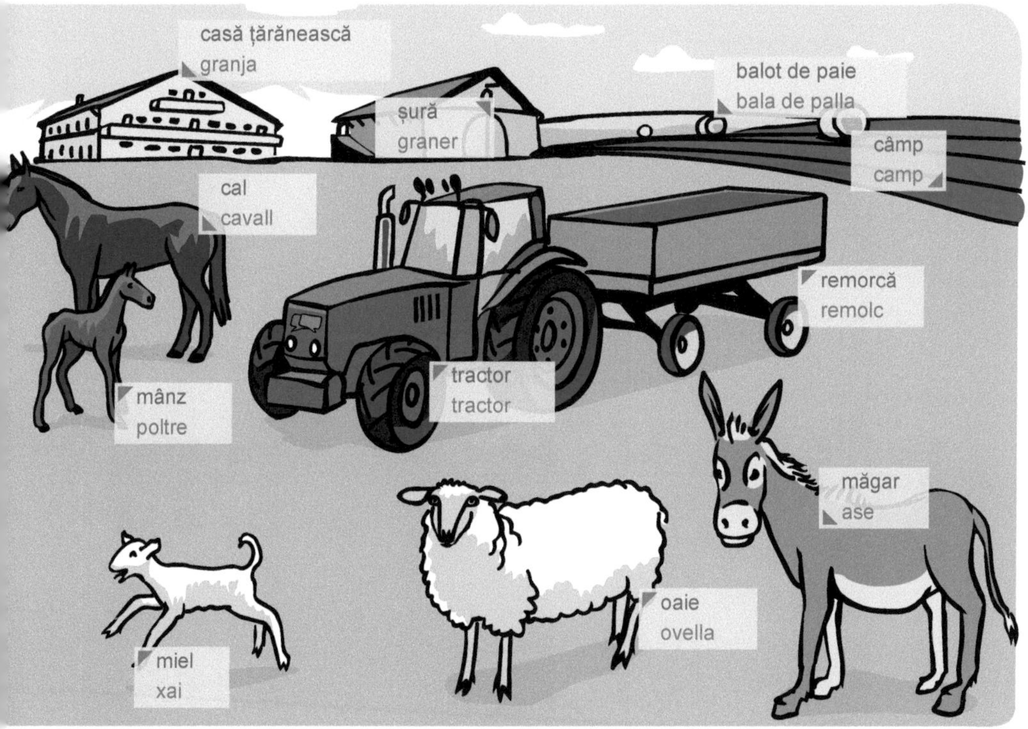
casă țărănească
granja
șură
graner
balot de paie
bala de palla
câmp
camp
cal
cavall
remorcă
remolc
tractor
tractor
mânz
poltre
măgar
ase
oaie
ovella
miel
xai

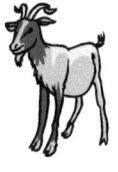

capră
cabra

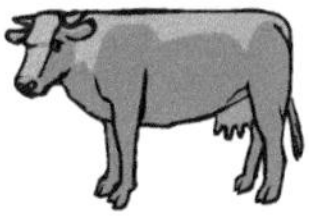

vacă
vaca

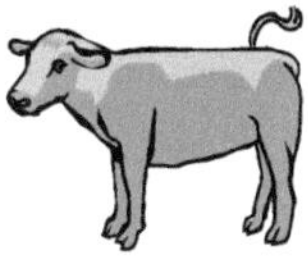

vițel
vedella

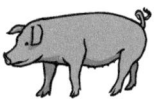

porc
porc

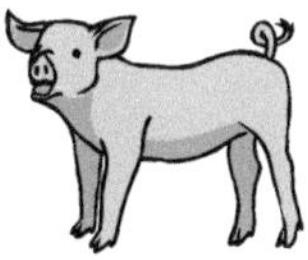

purcel
garrí

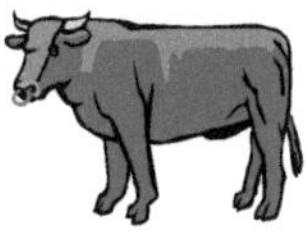

taur
bou

găină
oca

rață
ànec

pui
poll

găină
gall

cocoș
gallina

șobolan
rata

pisică
gat

șoarece
ratolí

bou
bou

câine
gos

cușcă
gossera

furtun de grădină
mànega de regar

stropitoare
regadora

coasă
dalla

plug
arada

seceră

falç

sapă

aixada

furcă

forca

secure

destral

roabă

carretó

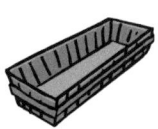

troacă

abeurador

cană pentru lapte

lletera

sac

sac

gard

tanca

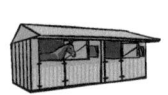

grajd

establa

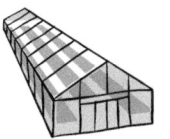

seră

hivernacle

sol

sòl

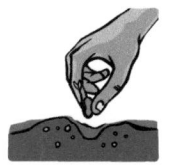

sămânță

llavor

fertilizator

adob

combină de treierat

collidora

a culege
collir

recoltă
collita

cartof yam
nyam

grâu
blat

soia
soja

cartof
patata

porumb
blat de moro o d'indi

rapiță
colza

pom fructifer
arbre fruiter

manioc
mandioca

cereale
cereals

casă

casa

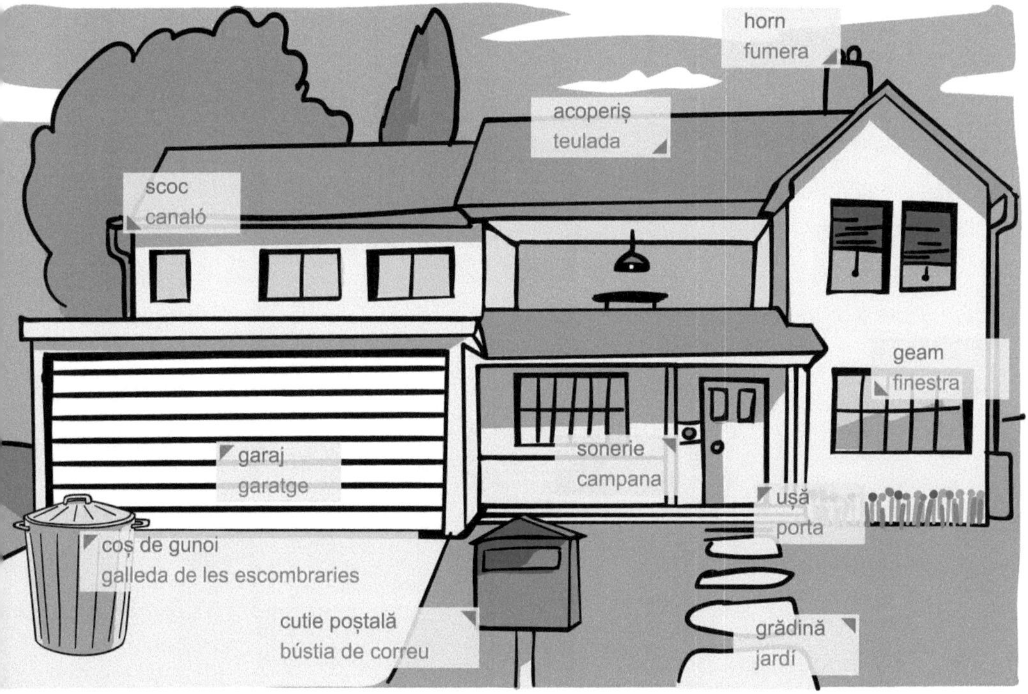

horn
fumera
acoperiș
teulada
scoc
canaló
geam
finestra
sonerie
campana
garaj
garatge
ușă
porta
coș de gunoi
galleda de les escombraries
cutie poștală
bústia de correu
grădină
jardí

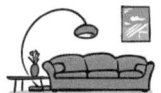

cameră de zi

sala d'estar

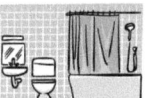

baie

bany

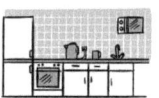

bucătărie

cuina

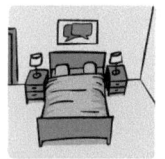

dormitor

cambra de dormir

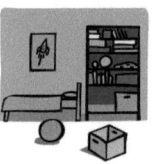

camera copiilor

cambra de nen

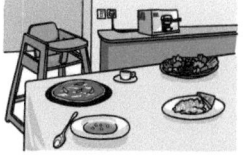

sufragerie

menjador

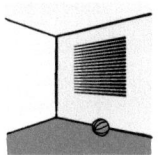

podea
sòl

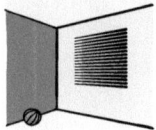

perete
paret

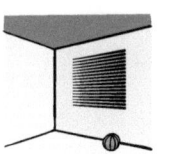

tavan
sostre

pivniță
soterrani

saună
sauna

balcon
balcó

terasă
terrassa

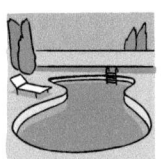

piscină
piscina

mașină de tuns iarba
tallagespa

cearșaf
vànova

cuvertură
cobrellit

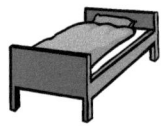

pat
llit

mătură
escombra

găleată
galleda

întrerupător
interruptor

camеră de zi
sala d'estar

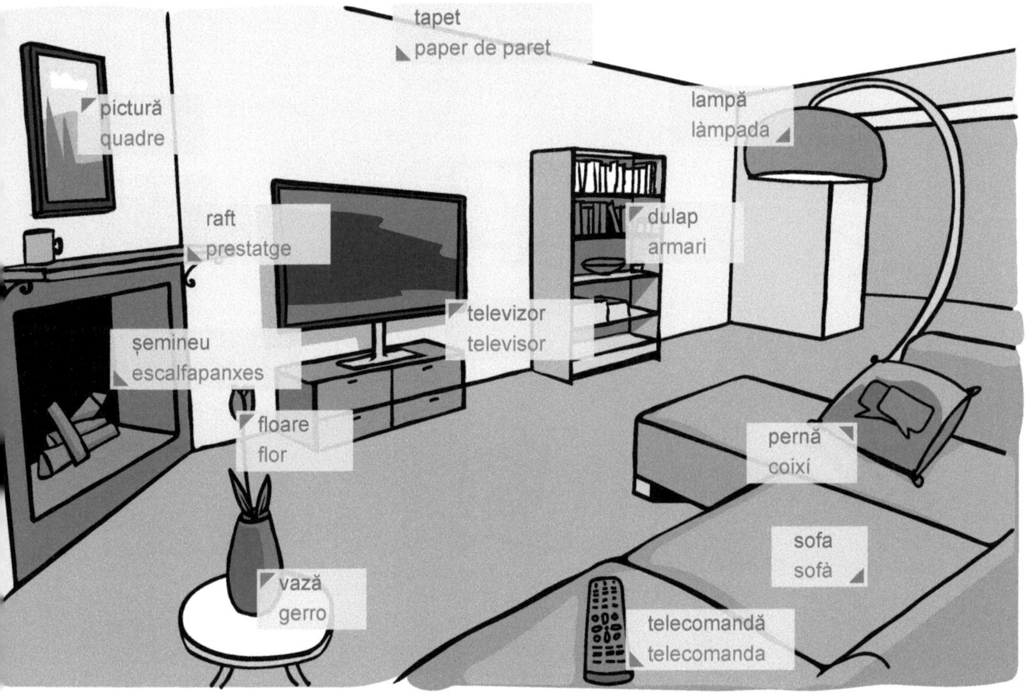

tapet
paper de paret
pictură
quadre
lampă
làmpada
raft
prestatge
dulap
armari
televizor
televisor
șemineu
escalfapanxes
floare
flor
pernă
coixí
sofa
sofà
vază
gerro
telecomandă
telecomanda

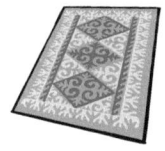

covor
catifa

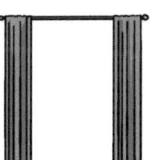

perdea
cortina

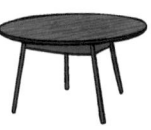

masă
taula

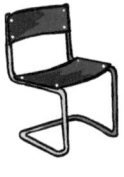

scaun
cadira

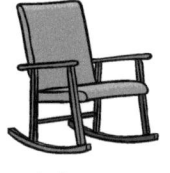

balansoar
cadira gronxadora

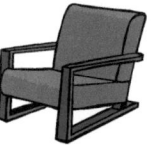

fotoliu
cadiral

carte

llibre

pătură

llençol

decoraţiune

decoració

lemn de foc

llenya

film

film

instalaţie stereo

cadena de música

cheie

clau

ziar

diari

desen

pintura

poster

cartell

radio

ràdio

caiet de notiţe

bloc de notes

aspirator

aspiradora

cactus

cactus

lumânare

candela

bucătărie
cuina

frigider
refrigerador
cuptor cu microunde
microones
cântar de bucătărie
balança de cuina
prăjitor de pâine
torradora
detergent
detergent per a plats
cuptor
forn
răcitor
congelador
coș de gunoi
galleda de les escombraries
mașină de spălat vase
rentaplats

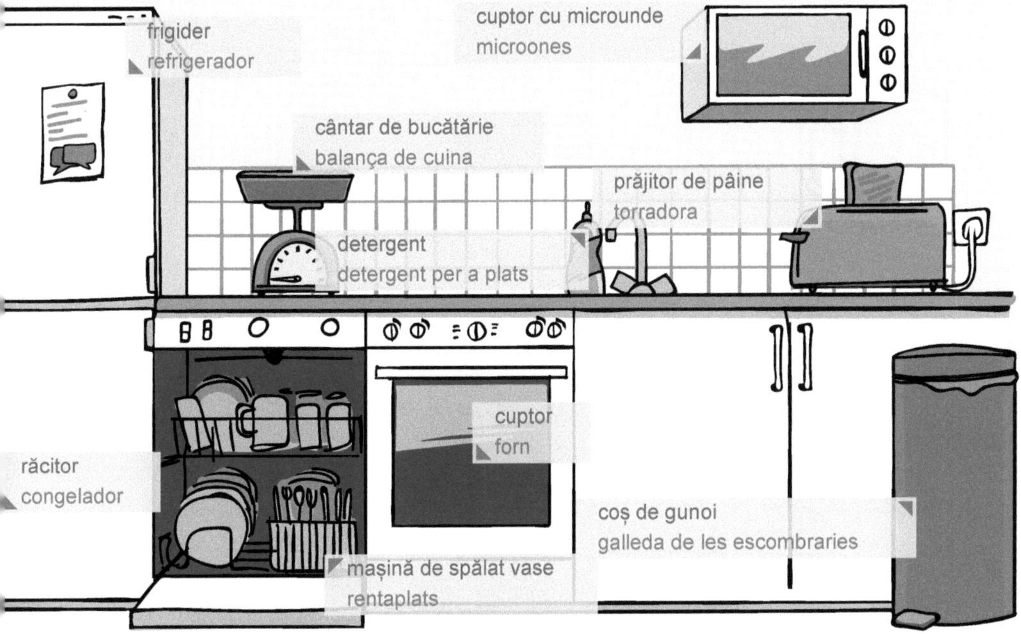

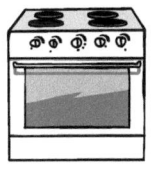

cuptor
cuina de fogons

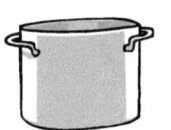

oală
olla

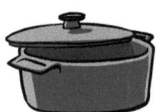

oală de metal
olla de ferro colat

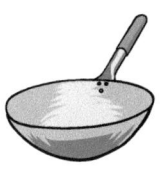

wok/kadai
wok / karahi

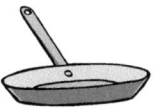

tigaie
paella

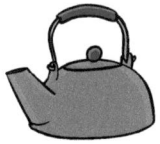

ceainic
bullidor

oală de gătit cu aburi

olla de vapor

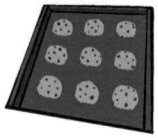

tavă de copt

plata de forn

veselă

vaixella

pahar

tassa grossa

bol

bol

bețișoare

bastonets xinesos

polonic

culler

spatulă

espàtula

tel

batedor

sită

colador

sită

sedàs

răzătoare

ratllador

mojar

morter

grătar

barbacoa

loc pentru grătar

foc a terra

bucătărie - cuina

tocător

taula de tallar

sucitor

corró

tirbușon

llevataps

conservă

pot de conserva

deschizător de conserve

obridor

șervete termice

agafador

chiuvetă

aigüera

perie

raspall

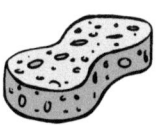

burete

esponja

mixer

batedora

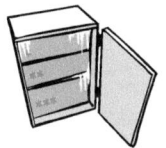

ladă frigorifică

congelador

biberon

biberó

robinet

aixeta

baie

bany

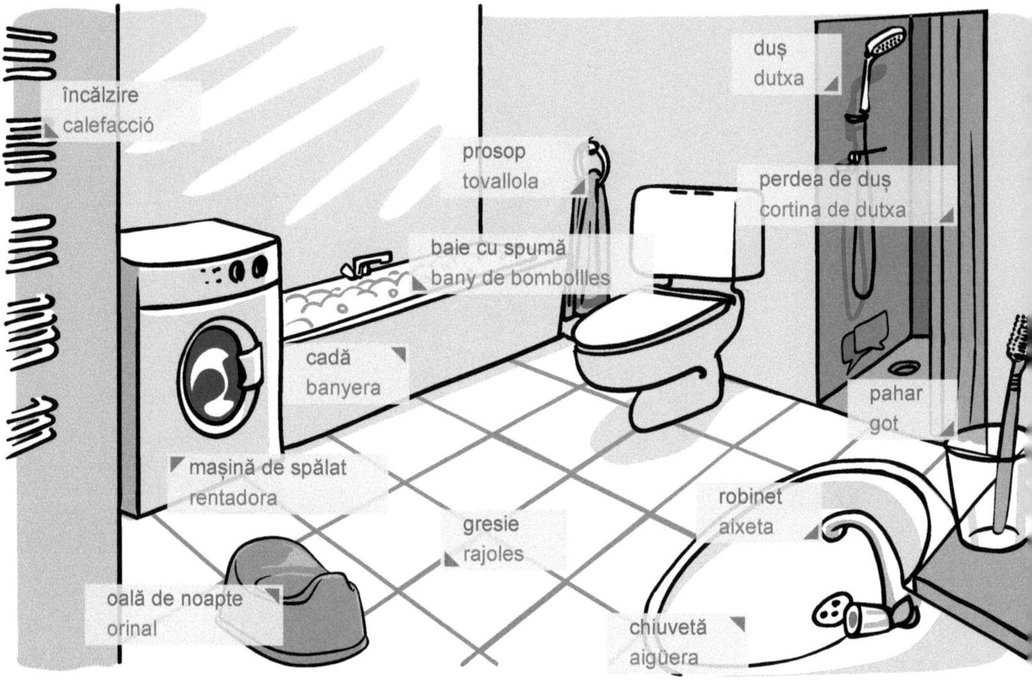

încălzire
calefacció
prosop
tovallola
duș
dutxa
perdea de duș
cortina de dutxa
baie cu spumă
bany de bombolles
cadă
banyera
mașină de spălat
rentadora
gresie
rajoles
robinet
aixeta
pahar
got
oală de noapte
orinal
chiuvetă
aigüera

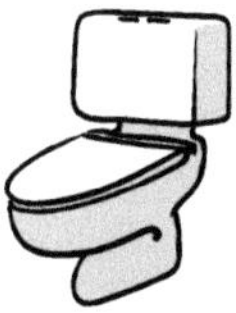

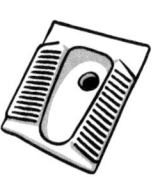

toaletă

lavabo

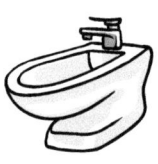

toaletă turcescă

lavabo turc

bideu

bidet

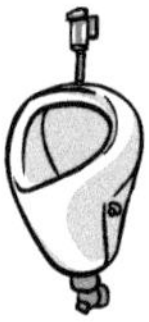

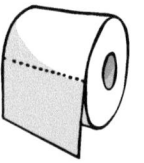

pisoir

orinador

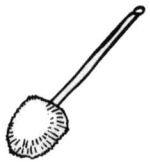

hârtie igienică

paper higiènic

perie de toaletă

escombreta de sanitari

periuță de dinți

raspall de dents

pastă de dinți

pasta de dents

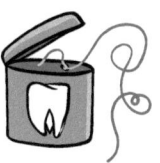

ață dentară

fil dental

a spăla

rentar

cap de duș

pom de dutxa

duș intim

dutxa íntima

lavoar

rentamans

perie pentru spate

raspall per a l'esquena

săpun

sabó

gel de duș

gel de dutxa

șampon

xampú

cârpă de spălat

manyopla de bany

scurgere

bonera

cremă

crema

deodorant

desodorant

oglindă
mirall

oglindă cosmetică
mirall-espill de mà

aparat de ras
maquineta de rasar

spumă de ras
espuma de barbejar

aftershave
loció post-rasada

pieptene
pinta

perie
raspall

uscător de păr
eixugador

fixator
laca

machiaj
maquillatge

ruj
pintallavis

lac de unghii
esmalt d'ungles

vată
cotó

foarfece de unghii
tallaungles

parfum
perfum

neseser

estoig de bellesa

taburet

tamboret

cântar

bàscula

halat de baie

barnús

mănuși de cauciuc

guants de goma

tampon

compresa higiènica

tampon

compresa

toaletă chimică

sanitari químic

camera copiilor
cambra de nen

ceas deșteptător
despertador
jucărie de pluș
animal de peluix
mașină de jucărie
auto de joguina
morișcă
sonall
casă de păpuși
casa de nines
cadou
present

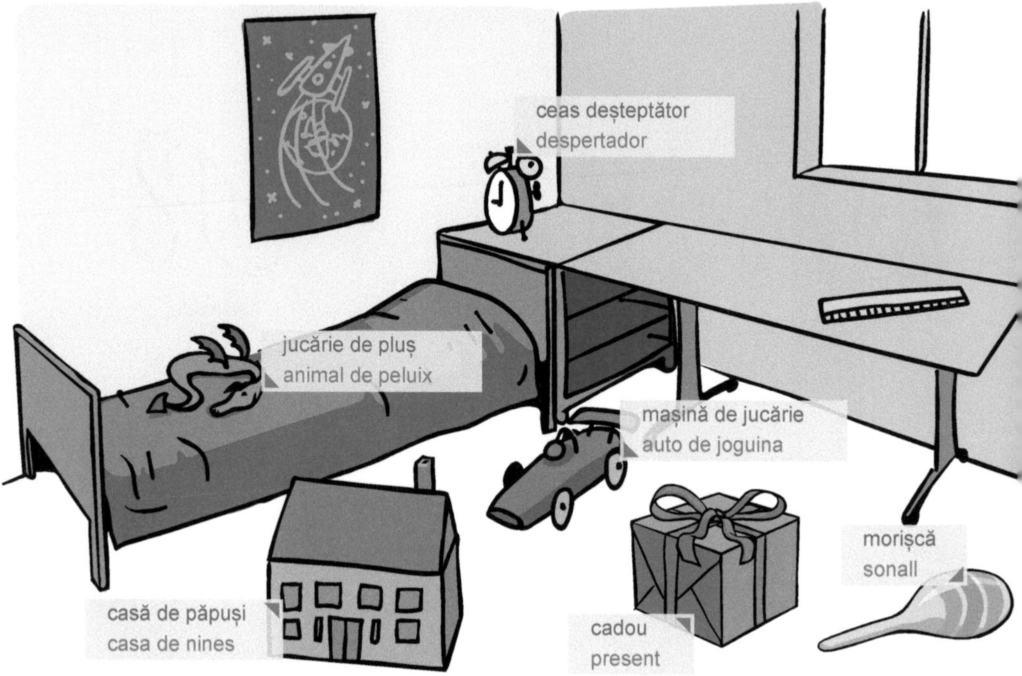

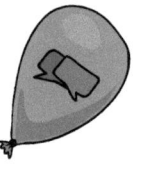

balon

baló

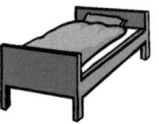

pat

llit

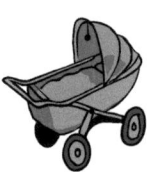

cărucior de copii

cotxet per a nens

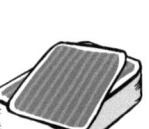

joc de cărți

joc de cartes

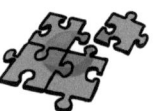

puzzle

trencaclosca

SUPER
MEGA

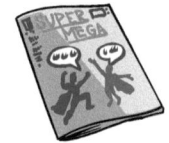

revistă de benzi desenate

historieta

cuburi lego

peces de lego

piese pentru construcţii

peces de construcció

personaj din filmele de acţiune

ninot d'acció

body

granota

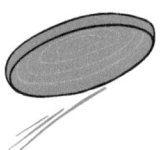

frisbee

frisbee

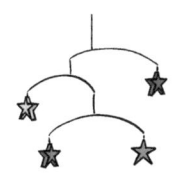

mobil

mòbil per a bressol

joc de societate

joc de taula

zar

daus

set trenuleţ de jucărie

tren elèctric

suzetă

xumet

petrecere

festa

carte cu poze

llibre de dibuixos

minge

pilota

păpuşă

nina

a se juca

jugar

groapă de nisip

sorrera

leagăn

gronxador

jucării

joguines

consolă video

consola de jocs de vídeo

tricicletă

tricicle

ursuleț

osset de peluix

dulap

armari

îmbrăcăminte
roba

șosete

mitjons

ciorapi

mitges

dres

mitja pantaló

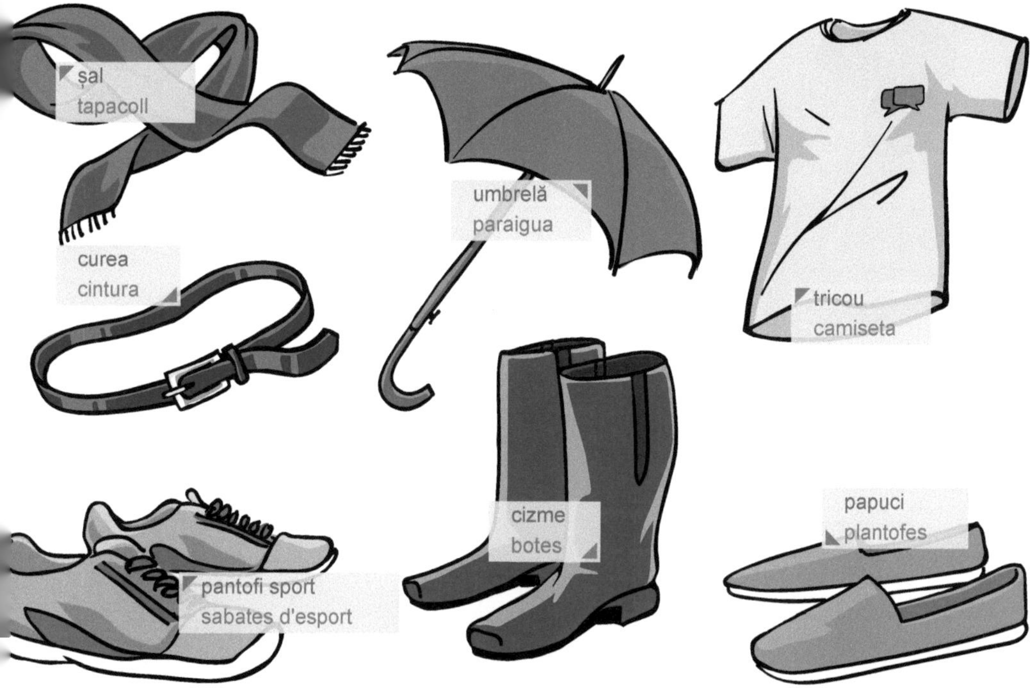

șal
tapacoll

curea
cintura

umbrelă
paraigua

tricou
camiseta

cizme
botes

papuci
plantofes

pantofi sport
sabates d'esport

sandale

·············

sandàlies

încălțăminte

·············

sabates

cizme de cauciuc

·············

botes de goma

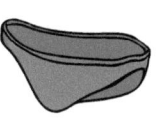

chilot

·············

calçonets

sutien

·············

sostenidor

maiou

·············

guardapits

body

jjustacòs

pantaloni

pantalons

blugi

jeans

fustă

faldeta

bluză

brusa

cămașă

camisa

pulover

jersei

jerseu

dessuadora

sacou

blazer

jachetă

jaqueta

palton

mantell

pelerină de ploaie

impermeable

costum

vestit de dona

rochie

vestit de dona

rochie de mireasă

vestit de núvia

costum

vestit d'home

cămașă de noapte

camisa de dormir

pijama

pijama

sari

sari

batic

mocador de cap

turban

turbant

burka

burca

caftan

caftan

abaya

abaia

costum de baie

vestit de bany

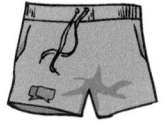

șort

calçon(et)s de bany

pantaloni scurți

pantalons curts

trening

xandall

șorț

davantal

mănuși

guants

nasture

botó

ochelari

ulleres

brăţară

braçalet

lanţ

collaret

inel

anell

cercel

orellera

căciulă

casquet

umeraș

penjador

pălărie

capell

cravată

corbata

fermoar

cremallera

cască

casc

bretele

elàstics

uniformă școlară

uniforme escolar

uniformă

uniforme

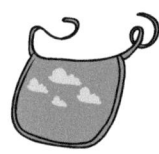

bavețică

pitet

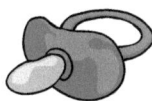

suzetă

xumet

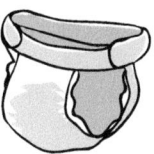

scutec

bolquer

birou

oficina

server
servidor
dulap de acte
armari arxivador
imprimantă
impressora
hârtie
paper
monitor
monitor
mouse
ratolí
masă de birou
escriptori
fișier
arxivador
tastatură
teclat
scaun
cadira
coș de gunoi
paperera
computer
ordinador

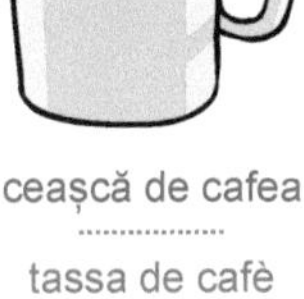

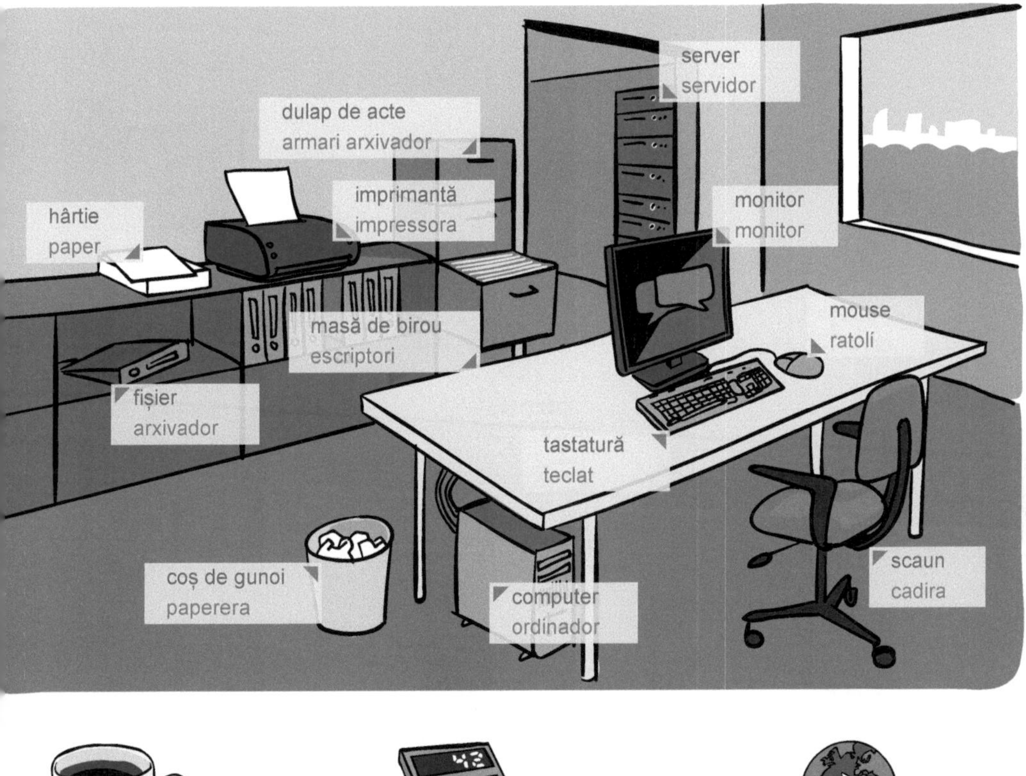

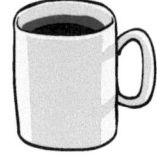

ceașcă de cafea

tassa de cafè

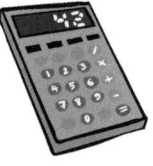

calculator

calculadora

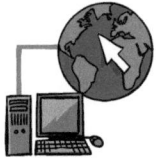

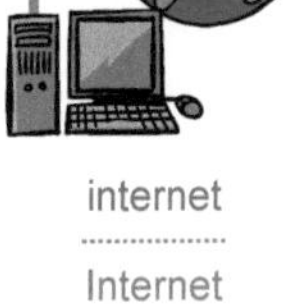

internet

Internet

laptop

ordinador portàtil

scrisoare

lletra

mesaj

missatge

telefon mobil

mòbil

rețea

xarxa

copiator

fotocopiadora

software

programari

telefon

telèfon

priză

presa de corrent

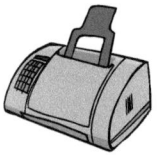

fax

fax

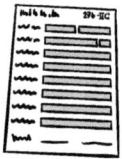

formular

formulari

document

document

a cumpăra

comprar

a plăti

pagar

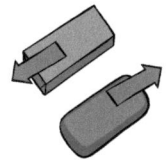

a face comerț

comerciar

bani

diners

 USD

Dolar

dòlar

 EUR

Euro

euro

 JPY

Yen

ien

 RUB

Rublă

ruble

 CHF

Franc Elvețian

franc suís

 CNY

renminbi yuan

renminbi

 INR

Rupie

rupia

bancomat

caixa automàtica

casă de schimb valutar

oficina de canvi

aur

or

argint

argent

petrol

petroli

energie

energia

preț

preu

contract

contracte

impozit

impost

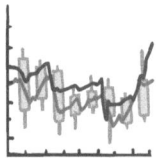

acțiune

acció

a munci

treballar

angajat

treballador

angajator

empresari

fabrică

fàbrica

magazin

botiga

pompier
bomber

polițist
oficial de policia

bucătar
cuiner

medic
doctora

pilot
pilot

grădinar

jardiner

tâmplar

fuster

cusătoreasă

costurera

judecător

jutge

chimist

química

actor

actor

șofer de autobuz

conductor d'autobús

șofer de taxi

taxista

pescar

pescador

femeie de serviciu

dona de la neteja

tinichigiu

ensostrador

chelnăr

cambrer

vânător

caçador

pictor

pintor

brutar

forner

electrician

electricista

muncitor în construcții

obrer de la construcció

inginer

enginyer

măcelar

carnisser

instalator

llanterner

poștaș

correu

soldat

soldat

arhitect

arquitecte

casier

caixera

florar

florista

frizer

perruquer

controlor

revisor

mecanic

mecànic

căpitan

capità

stomatolog

dentista

om de știință

científic

rabin

rabí

imam

imam

călugăr

monjo

preot

capellà

instrumente

eines

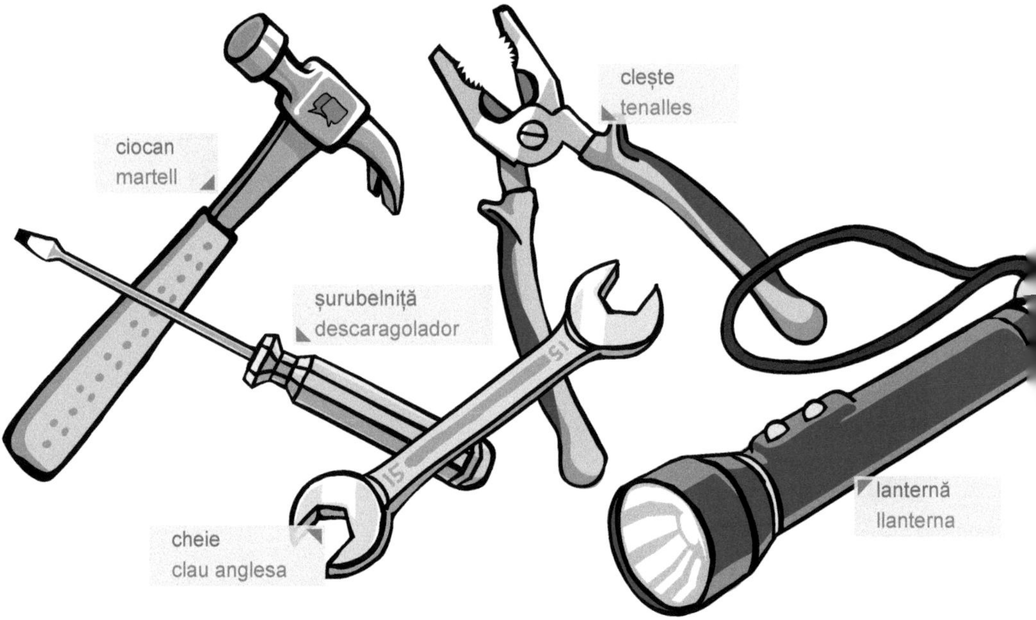
cleşte
tenalles
ciocan
martell
şurubelniţă
descaragolador
lanternă
llanterna
cheie
clau anglesa

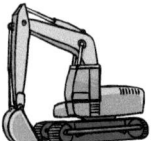

excavator
excavadora

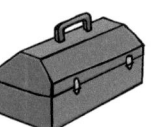

cutie de scule
caixa d'eines

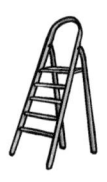

scară
escala

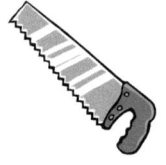

ferăstrău
serra

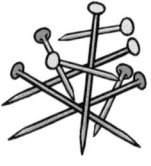

cuie
claus

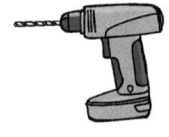

burghiu
trepant

a repara

reparar

lopată

pala

La naiba!

Maleït siga!

făraș

pala

vas pentru vopsea

pot de pintura

șuruburi

caragols

instrumente muzicale
instrument de música

difuzor
altaveu

set tobe
bateria

chitară
guitarra

contrabas
contrabaix

trompetă
trompeta

pian

piano

vioară

violí

bas

baix

trombon

timbal

tobă

tambor

keyboard

teclat

saxofon

saxofon

fluier

flauta

microfon

micròfon

instrumente muzicale - instrument de música

tigru
tigre

cușcă
gàbia

intrare
entrada

zebră
zebra

mâncare pentru animale
aliment per a animals

panda
ós panda

animale
animals

elefant
elefant

cangur
cangurú

rinocer
rinoceront

gorilă
goril·la

urs
ós

cămilă

camell

struţ

estruç

leu

lleó

maimuţă

simi

flamingo

flamenc

papagal

papagai

urs polar

ós polar

pinguin

pingüí

rechin

ca mari

păun

paó

şarpe

serp

crocodil

cocodril

îngrijitor grădina zoologică

guardià del zoo

focă

foca

jaguar

jaguar

ponei

poni

leopard

lleopard

hipopotam

hipopòtam

girafă

girafa

acvilă

àliga

porc mistreţ

senglar

peşte

peix

broască ţestoasă

tortuga

morsă

morsa

vulpe

guineu

gazelă

gasela

fotbal american
futbol americà

ciclism
ciclisme

tenis
tenis

basketball
bàsquet

înot
natació

box
boxa

hockey pe gheață
hoquei sobre gel

fotbal
futbol americà

badminton
bàdminton

atletism
atletisme

handbal
handbol

schi
esquí

polo
polo

activități
activitats

a râde
riure
a sări
saltar
a îmbrățișa
abraçar
a merge
anar
a cânta
cantar
a visa
somiar
a se ruga
pregar
a săruta
fer un petó

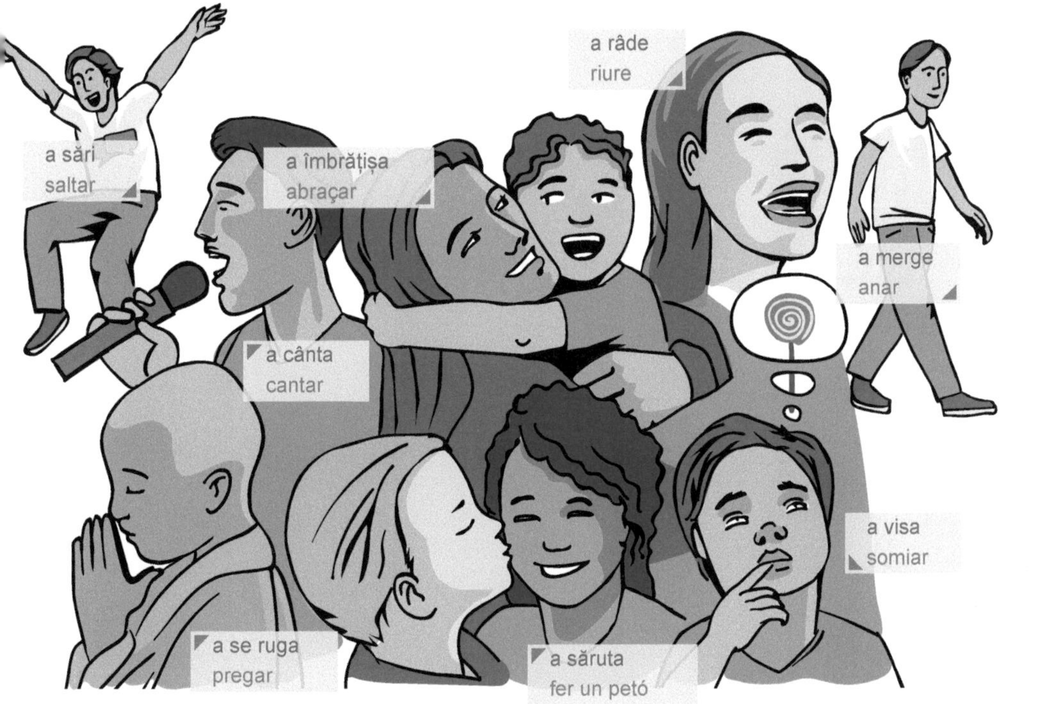

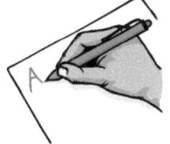

a scrie
escriure

a desena
dibuixar

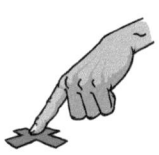

a arăta
mostrar

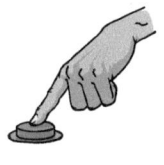

a împinge
pitjar

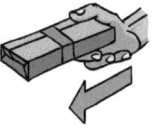

a da
donar

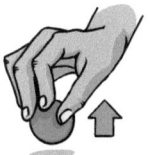

a lua
prendre

a avea

tenir

a face

fer

a fi

ésser

a sta în picioare

estar dret

a fugi

córrer

a trage

estirar

a arunca

llançar

a cădea

caure

a sta întins

jeure

a aștepta

esperar

a purta

portar

a ședea

asseure's

a se îmbrăca

vestir-se

a dormi

dormir

a se trezi

despertar-se

a privi

mirar

a plânge

plorar

a mângâia

amoixar

a se pieptăna

pentinar

a vorbi

parlar

a înţelege

comprendre

a întreba

demanar

a asculta

escoltar

a bea

beure

a mânca

menjar

a face ordine

endreçar

a iubi

estimar

a găti

cuinar

a conduce

conduir

a zbura

volar

activităţi - activitats

a naviga

navegar

a calcula

calcular

a citi

llegir

a învăța

aprendre

a munci

treballar

a se căsători

casar-se

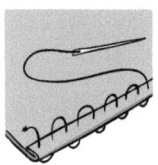

a coase

cosir

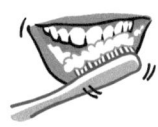

a se spăla pe dinți

raspallar-se les dents

a ucide

matar

a fuma

fumar

a trimite

enviar

familie
família

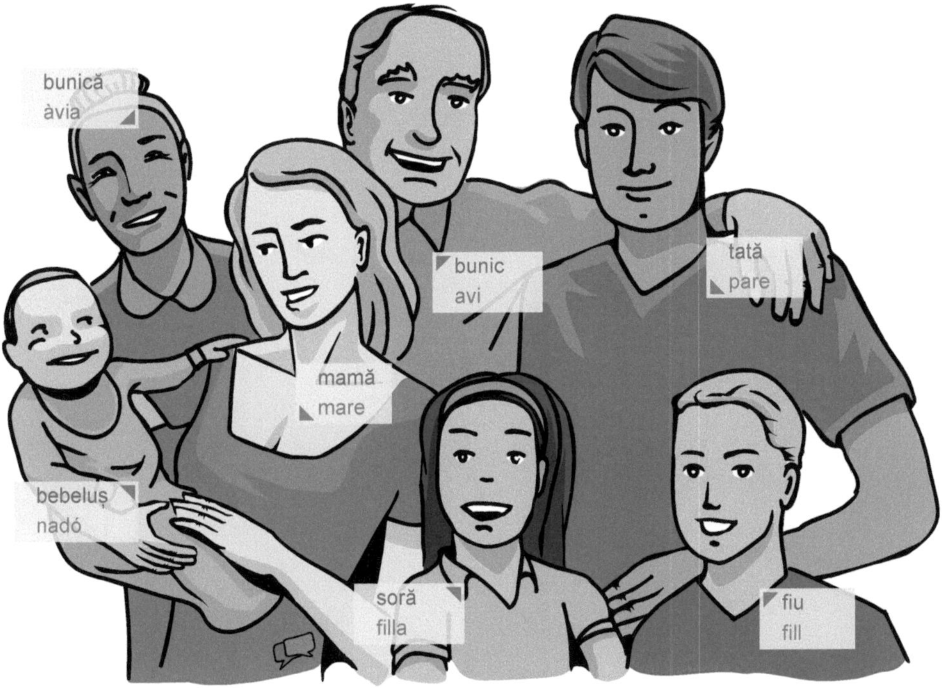

bunică
àvia
bunic
avi
tată
pare
mamă
mare
bebeluș
nadó
soră
filla
fiu
fill

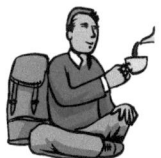

oaspete

convidat

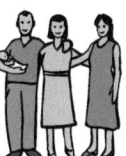

mătușă

tia

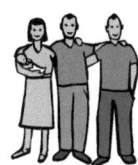

unchi

oncle

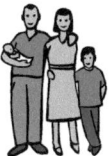

frate

germà

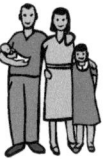

soră

germana

corp

cos

frunte
front
ochi
ull
umăr
espatlla
deget
dit
față
cara
bărbie
barbeta
mână
mà
piept
pit
picior
cama
braț
braç

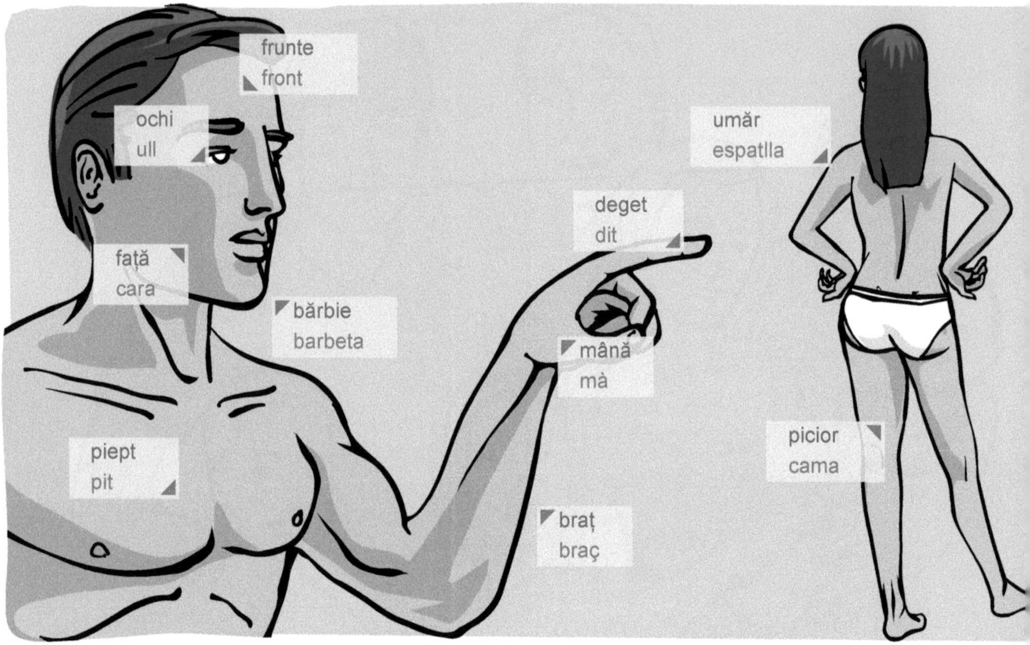

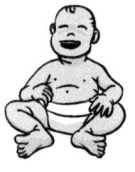

bebeluș

nadó

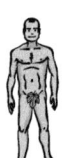

bărbat

home

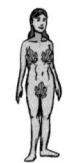

femeie

dona

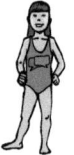

fată

noia

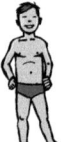

băiat

noi

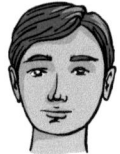

cap

cap

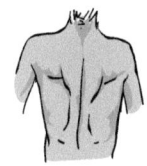

spate

esquena

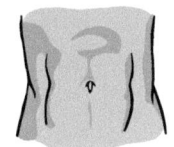

abdomen

panxa

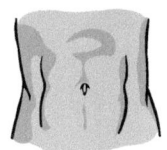

ombilic

melic

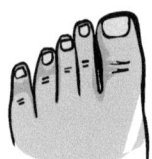

deget de la picior

dit gros del peu

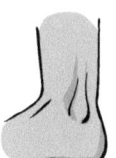

călcâi

taló

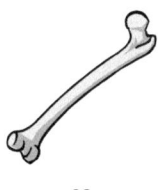

os

os

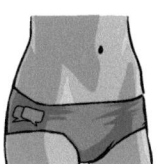

șold

maluc

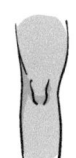

genunchi

genoll

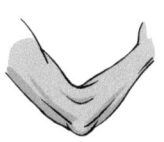

cot

colze

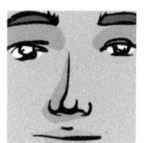

nas

nas

fund

cul

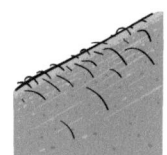

piele

pell

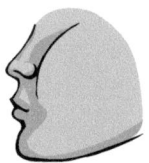

obraz

galta

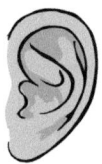

ureche

orella

buză

llavi

gură

boca

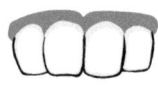

dinte

dent

limbă

llengua

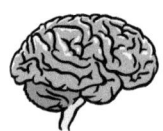

creier

cervell

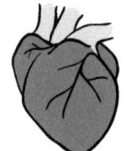

inimă

cor

muşchi

múscul

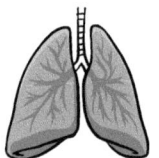

plămân

pulmó

ficat

fetge

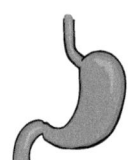

stomac

estómac

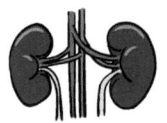

rinichi

ronyó

sex

relació sexual

prezervativ

preservatiu

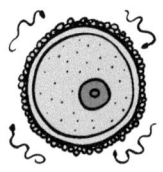

ovul

ovari

spermă

semen

sarcină

prenyat

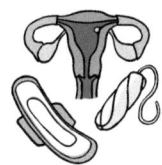

menstruație
menstruació

vagin
vagina

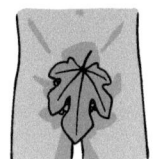

penis
penis

sprânceană
cella

păr
cabells

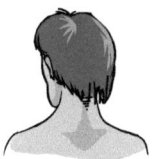

gât
coll

spital
hospital

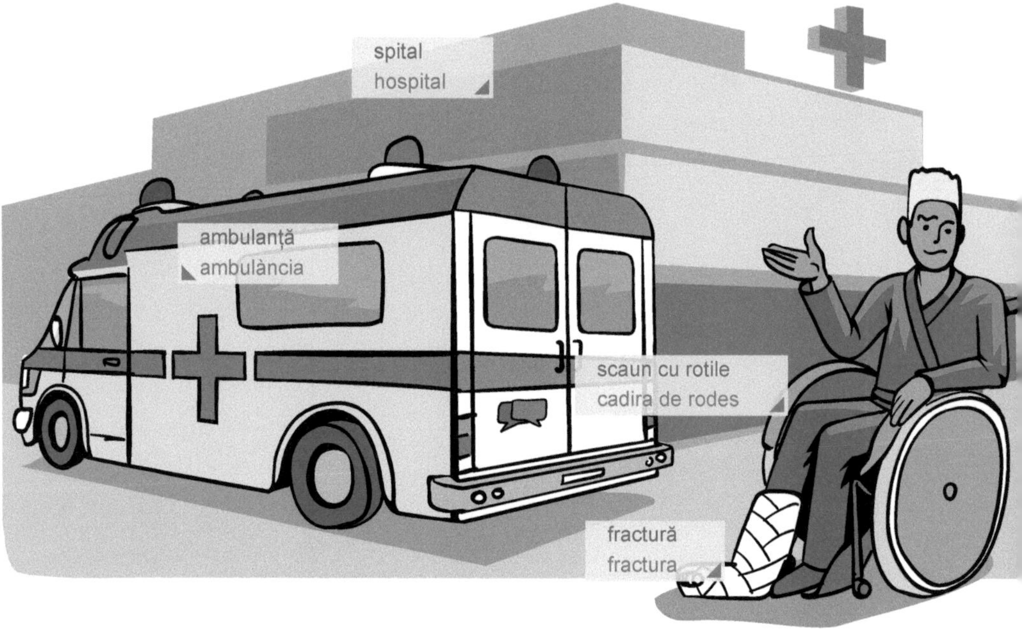

spital
hospital
ambulanță
ambulància
scaun cu rotile
cadira de rodes
fractură
fractura

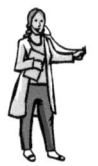

medic

doctora

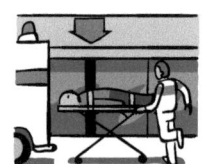

unitate de primiri urgențe

sala d'urgències

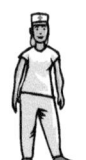

soră medicală

infermera

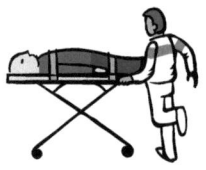

urgență

urgència

inconștient

inconscient

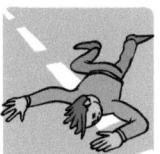

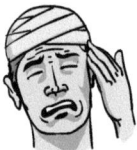

durere

dolor

leziune
ferida

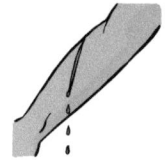

sângerare
sagnament

infarct miocardic
atac de cor

atac cerebral
apoplexia

alergie
al·lèrgia

tuse
tos

febră
febre

gripă
gripa

diaree
diarrea

durere de cap
mal de cap

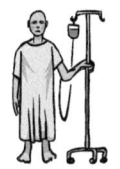

cancer
càncer

diabet
diabetis

chirurg
cirurgià

scalpel
escalpel

operație
operació

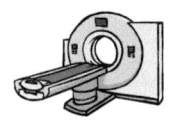

CT

tomografia computada (TC), TAC

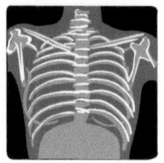

raze Röntgen

raigs x

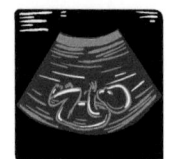

ultrasunet

ultrasò

mască

mascareta

boală

malaltia

sală de așteptare

sala d'espera

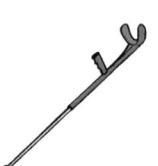

cârjă

crossa

plasture

tireta

bandaj

embenat

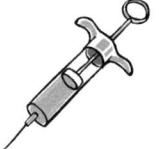

injecție

injecció

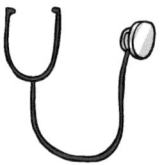

stetoscop

estetoscopi

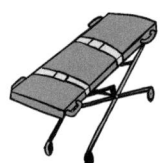

targă

llitera

termometru

termòmetre clínic

naștere

pariment

supraponderabilitate

sobrepès

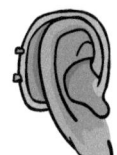

aparat auditiv

aparell auditiu

dezinfectant

desinfectant

infecţie

infecció

virus

virus

HIV/SIDA

VIH / SIDA

medicină

medicina

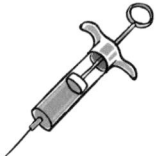

vaccin

vaccí

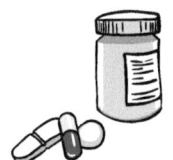

tablete

comprimits

pastilă

píl·lola

apel de urgenţă

trucada d'urgència

aparat de măsurare a
presiunii arteriale

tensiòmetre

bolnav/sănătos

malalt / sà

Ajutor!
Socors!

alarmă
alarma

agresiune
assalt

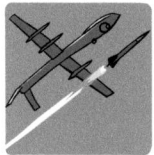

atac
atac

pericol
perill

ieşire de urgenţă
sortida-eixida d'urgència

Foc!
Foc!

extinctor
extintor

accident
accident

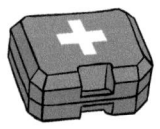

trusă de prim-ajutor
farmaciola de primers
auxilis

SOS
SOS

poliţie
policia

Europa

Europa

America de Nord

Amèrica del Nord

America de Sud

Amèrica del Sud

Africa

Àfrica

Asia

Àsia

Australia

Austràlia

Altantic

Atlàntic

Pacific

Pacífic

Oceanul Indian

Oceà Índic

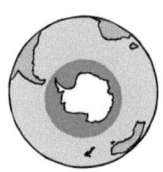

Oceanul Antarctic

Oceà Antàrtic

Oceanul Arctic

Oceà Àrtic

Polul Nord

pol nord

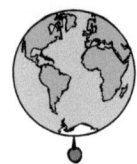

Polul Sud

pol sud

Antarctica

Antàrtida

pământ

terra

țară

país

mare

mar

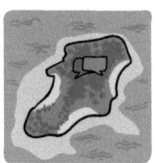

insulă

illa

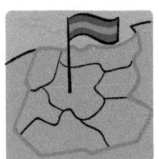

națiune

nació

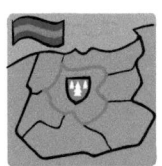

stat

estat

pământ - terra

cadran

quadrant

orar

agulla de les hores

minutar

agulla dels minuts

secundar

agulla dels segons

Cât e ceasul?

Quina hora és?

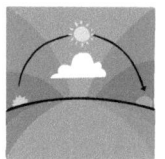

zi

dia

timp

temps

acum

ara

cead digital

rellotge digital

minut

minut

oră

hora

săptămână

setmana

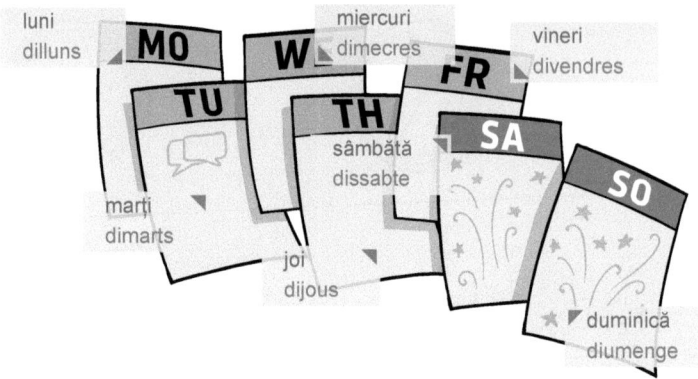

luni
dilluns

miercuri
dimecres

vineri
divendres

marți
dimarts

sâmbătă
dissabte

joi
dijous

duminică
diumenge

ieri
....
ahir

azi
....
avui

mâine
....
demà

dimineață
....
matí

amiază
....
migdia

seară
....
tarda

zile lucrătoare
....
dia feiner

week-end
....
cap de setmana

an
any

ploaie
pluja
curcubeu
arc de Sant Martí
zăpadă
neu
vânt
vent
primăvară
primavera
vară
estiu
toamnă
tardor
iarnă
hivern

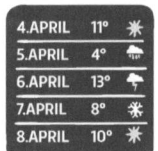

4.APRIL 11°
5.APRIL 4°
6.APRIL 13°
7.APRIL 8°
8.APRIL 10°

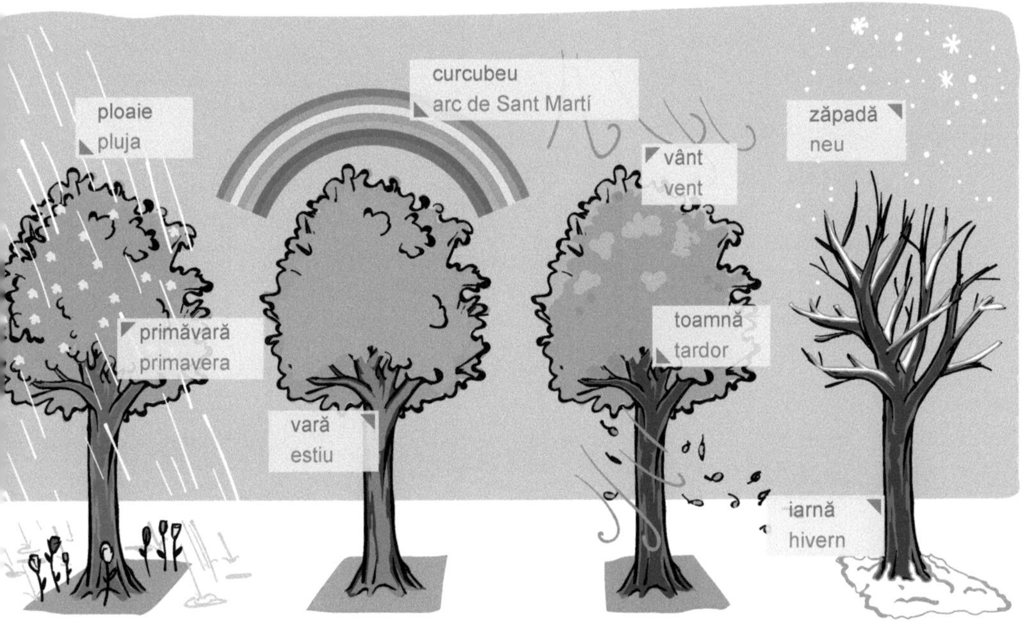

prognoză meteo

pronòstic del temps

F C
120 40
90 30
60 20
30 10
0 0
-30 -10
-20

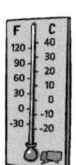

termometru

termòmetre

lumina soarelui

llum del sol

nor

núvol

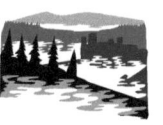

ceață

boira

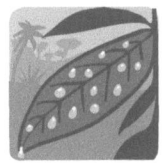

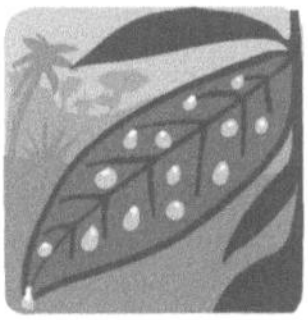

umiditate a aerului

humiditat de l'aire

fulger

llamp

tunet

tro

furtună

tempesta

grindină

calamarsa

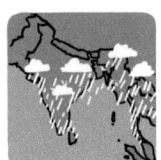

muson

monsó

inundație

inundació

gheață

gel

ianuarie

gener

februarie

febrer

martie

març

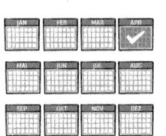

aprilie

abril

mai

maig

iunie

juny

iulie

juliol

august

agost

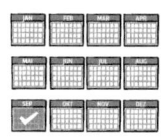

septembrie
setembre

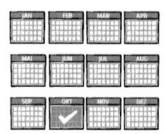

octombrie
octubre

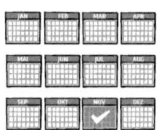

noiembrie
novembre

decembrie
desembre

forme
formes

cerc
cercle

pătrat
quadrat

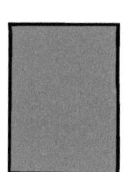

dreptunghi
rectangle

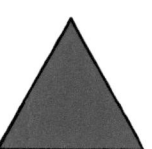

triunghi
triangle

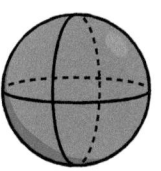

sferă
esfera

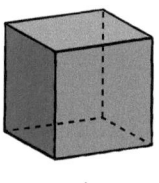

cub
cub

alb

blanc

galben

groc

portocaliu

taronja

roz

rosa

roșu

vermell

violet

lila

albastru

blau

verde

verd

maro

marró

gri

gris

negru

negre

mult/puțin

molt / poc

furios/calm

emprenyat / tranquil

frumos/urât

bonic / lleig

început/sfârșit

començament / fi

mare/mic

gran / petit

luminos/întunecat

clar / fosc

frate/soră

germà / germana

curat/murdar

net / brut

complet/incomplet

complet / incomplet

zi/noapte

dia / nit

mort/viu

mort / viu

lat/strâmt

ample / estret

comestibil/necomestibil

comestible / immenjable

rău/prietenos

dolent / amable

emoţionat/plictisit

entusiasmat / entediat

gras/slab

gros / prim

primul/ultimul

primer / darrer

prieten/inamic

amic / enemic

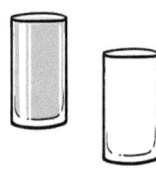

plin/gol

ple / buit

tare/moale

dur / tou

greu/uşor

pesant / lleuger

foame/sete

gana / set

bolnav/sănătos

malalt / sà

ilegal/legal

il·legal / legal

inteligent/stupid

intel·ligent / ximple

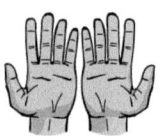

stânga/dreapta

esquerra / dreta

aproape/departe

prop / llunyà

nou/uzat

nou / usat

nimic/ceva

res / quelcom

bătrân/tânăr

vell / jove

pornit/oprit

encès / apagat

deschis/închis

obert / tancat

încet/tare

silenciós / sorollós

bogat/sărac

ric / pobre

corect/fals

correcte / incorrecte

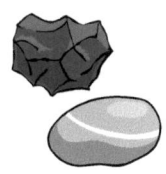

aspru/neted

aspre / suau

trist/fericit

trist / content

lung/scurt

curt / llarg

încet/repede

lent / ràpid

ud/uscat

humit / sec - eixut

cald/rece

calent / fred

război/pace

guerra / pau

0

zero

zero

1

unu

u

2

doi

dos

3

trei

tres

4

patru

quatre

5

cinci

cinc

6

șase

sis

7

șapte

set

8

opt

vuit

9

nouă

nou

10

zece

deu

11

unsprezece

onze

12

douăsprezece

dotze

13

treisprezece

tretze

14

paisprezece

catorze

15

cincisprezece

quinze

16

șaisprezece

setze

17

șaptesprezece

disset

18

optsprezece

divuit

19

nouăsprezece

dinou

20

douăzeci

vint

100

o sută

cent

1.000

o mie

mil

1.000.000

un milion

milió

cifre - nombres

engleză

anglès

engleză americană

anglès americà

chineza mandarină

xinès mandarí

hindi

hindi

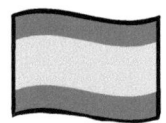

spaniolă

espanyol

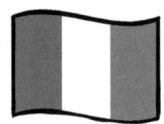

franceză

francès

arabă

àrab

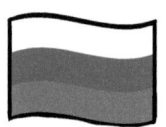

rusă

rus

protugheză

portuguès

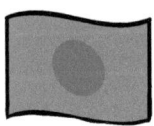

bengaleză

bengalí

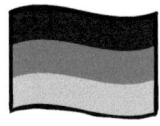

germană

alemany

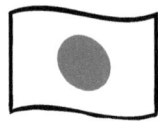

japoneză

japonès

eu

jo

tu

tu

el/ea

ell / ella / allò

noi

nosaltres

voi

vosaltres

ea

ells

cine?

qui?

ce?

què?

cum?

com?

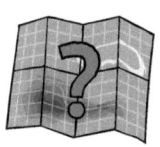

unde?

on?

când?

quan?

nume

nom

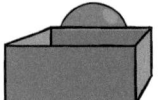

în spate

darrere

în

en

înainte

davant de

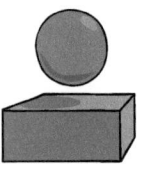

peste

damunt

pe

sobre

sub

sota

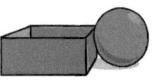

lângă

al costat

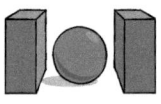

între

entre

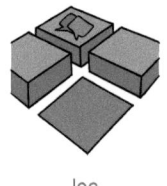

loc

lloc